中华人民共和国行业推荐性标准

公路通信及电力管道设计规范

Design Specifications of Highway Communication and Electricity Conduit

JTG/T 3383-01—2020

主编单位：交通运输部公路科学研究院
批准部门：中华人民共和国交通运输部
实施日期：2020 年 10 月 01 日

人民交通出版社股份有限公司
北　京

律师声明

本书所有文字、数据、图像、版式设计、插图等均受中华人民共和国宪法和著作权法保护。未经人民交通出版社股份有限公司同意，任何单位、组织、个人不得以任何方式对本作品进行全部或局部的复制、转载、出版或变相出版。

本书扉页前加印有人民交通出版社股份有限公司专用防伪纸。任何侵犯本书权益的行为，人民交通出版社股份有限公司将依法追究其法律责任。

有奖举报电话：(010) 85285150

北京市星河律师事务所
2020 年 6 月 30 日

图书在版编目 (CIP) 数据

公路通信及电力管道设计规范：JTG/T 3383-01—2020 / 交通运输部公路科学研究院主编. — 北京：人民交通出版社股份有限公司, 2020.7
ISBN 978-7-114-16686-0

Ⅰ. ①公… Ⅱ. ①交… Ⅲ. ①道路工程—通信技术—设计规范—中国②道路工程—电缆管道—设计规范—中国 Ⅳ. ①U412.36-65②TM757-65

中国版本图书馆 CIP 数据核字 (2020) 第 114445 号

标准类型：中华人民共和国行业推荐性标准
标准名称：公路通信及电力管道设计规范
标准编号：JTG/T 3383-01—2020
主编单位：交通运输部公路科学研究院
责任编辑：王海南
责任校对：孙国靖　龙　雪
责任印制：刘高彤
出版发行：人民交通出版社股份有限公司
地　　址：(100011) 北京市朝阳区安定门外外馆斜街 3 号
网　　址：http://www.ccpcl.com.cn
销售电话：(010) 59757973
总 经 销：人民交通出版社股份有限公司发行部
经　　销：各地新华书店
印　　刷：北京市密东印刷有限公司
开　　本：880×1230　1/16
印　　张：3
字　　数：74 千
版　　次：2020 年 7 月　第 1 版
印　　次：2021 年 1 月　第 2 次印刷
书　　号：ISBN 978-7-114-16686-0
定　　价：40.00 元

(有印刷、装订质量问题的图书，由本公司负责调换)

中华人民共和国交通运输部

公 告

第 43 号

交通运输部关于发布
《公路通信及电力管道设计规范》的公告

现发布《公路通信及电力管道设计规范》（JTG/T 3383-01—2020），作为公路工程行业推荐性标准，自 2020 年 10 月 1 日起施行。

《公路通信及电力管道设计规范》（JTG/T 3383-01—2020）的管理权和解释权归交通运输部，日常解释和管理工作由主编单位交通运输部公路科学研究院负责。

请各有关单位注意在实践中总结经验，及时将发现的问题和修改建议函告交通运输部公路科学研究院（地址：北京海淀区西土城路 8 号，邮编：100088），以便修订时研用。

特此公告。

中华人民共和国交通运输部
2020 年 6 月 18 日

交通运输部办公厅	2020 年 6 月 19 日印发

前　言

根据交通运输部办公厅《关于下达2012年度公路工程标准制修订项目计划的通知》（交公便字〔2012〕184号）的要求，由交通运输部公路科学研究院主持《公路通信及电力管道设计规范》（JGT/T 3383-01—2020）的制定工作。

本规范是在对国内已建、在建公路管道工程调研基础上，结合公路通信及电力管道设计、施工和管理的成熟经验，为体现公路行业特点、满足公路设计需求而制定。

本规范包括8章和2个附录。正文包括：1 总则、2 术语、3 管道材料、4 公路通信管道设计、5 公路电力管道设计、6 构筑物内管道设计、7 人（手）孔设计、8 改（扩）建管道设计；附录包括：附录A 隧道洞口通信及电力管道容量、附录B 场区内机电工程通信及电力管道容量。

请各有关单位在执行过程中，将发现的问题和意见，函告本规范日常管理组，联系人：张晋阳（地址：北京海淀区西土城路8号；邮编：100088；电话：010-82010943；传真：010-62370155；电子邮箱：jy.zhang@rioh.cn），以便下次修订时参考。

主　编　单　位：交通运输部公路科学研究院
参　编　单　位：北京交科公路勘察设计研究院有限公司

主　　　　编：张晋阳
主要参编人员：钟纪楷　蒋旭峰　李玉焕　盛　刚　邢燕颖　杨秀军
　　　　　　　霍　洁　崔　玮　石志刚　乔梅梅　于　水

主　　　　审：顾新民
参与审查人员：江运志　王　辉　赵梓成　余长春　张明月　张　平
　　　　　　　杜长东　殷亚君　何振邦　邱康华　刘　硕

参　加　人　员：刘大亮　郭　明　关铃英　杨基林　王　珣　黄　强
　　　　　　　　张永旺　李永亮　施　强　李志国　王　磊　王　春
　　　　　　　　张政富　金　蕊　王鼎媛　哈元元　韩东海　汤召志
　　　　　　　　成　亮　王海南

目　次

1 总则 ··· 1
2 术语 ··· 2
3 管道材料 ··· 4
　3.1　一般规定 ··· 4
　3.2　管道材料选择 ·· 4
4 公路通信管道设计 ·· 6
　4.1　一般规定 ··· 6
　4.2　公路通信管道容量 ·· 6
　4.3　公路通信管道路由及位置 ····································· 8
　4.4　公路通信管道埋设深度 ······································· 9
　4.5　公路通信管道段长和转弯半径 ······························ 10
　4.6　公路通信管道敷设 ··· 11
5 公路电力管道设计 ·· 17
　5.1　一般规定 ··· 17
　5.2　公路电力管道路由及位置 ··································· 18
　5.3　公路电力管道埋设深度 ····································· 18
　5.4　公路电力管道敷设 ··· 19
　5.5　电缆沟设计 ··· 21
6 构筑物内管道设计 ·· 25
　6.1　一般规定 ··· 25
　6.2　桥梁护栏内管道设计 ·· 26
　6.3　钢箱梁桥梁管道设计 ·· 27
　6.4　隧道内管道设计 ··· 27
7 人（手）孔设计 ·· 28
　7.1　一般规定 ··· 28
　7.2　人（手）孔设置原则 ·· 28
　7.3　人（手）孔类型及建筑要求 ································ 29
　7.4　人（手）孔附件 ··· 31
8 改（扩）建管道设计 ··· 32
　8.1　一般规定 ··· 32
　8.2　管道改（扩）建 ··· 32

附录 A　隧道洞口通信及电力管道容量 …………………………………………………… 34
附录 B　场区内机电工程通信及电力管道容量 …………………………………………… 37
本规范用词用语说明 ………………………………………………………………………… 39

1 总则

1.0.1 为规范公路通信及电力管道的设计，制定本规范。

1.0.2 本规范适用于新建、改（扩）建公路通信及电力管道工程的设计。

1.0.3 公路通信及电力管道工程设计应统筹考虑，做到安全适用、经济合理，并与公路主体工程相互协调，同步规划、同步设计、同步实施。

1.0.4 在满足使用要求的前提下，应积极采用绿色环保并便于现场检测的新工艺、新技术、新材料，并具备产品追溯条件。

条文说明

具备产品追溯条件是为了确保产品可查、质量可控，物联网等技术手段可以作为必要的辅助工具。

1.0.5 公路通信及电力管道设计除应符合本规范的规定外，尚应符合国家和行业现行有关标准的规定。

2 术语

2.0.1 通信管道 communication conduit
用来容纳和保护通信线缆的管道系统，主要由管道、管箱和人（手）孔等组成。

2.0.2 电力管道 electricity conduit
用来容纳和保护电力线缆的管道系统，主要由管道、管箱、电缆沟和人（手）孔等组成。

2.0.3 机电工程 mechanical and electrical equipment engineering
为适应公路管理需要配置的监控设施、通信设施、收费设施、供配电设施、照明设施、隧道机电设施、隧道消防设施等的建设、改（扩）建、维护项目工程。

2.0.4 管道路由 conduit route
管道敷设的路径。

2.0.5 管道段长 conduit section length
相邻人（手）孔之间的管道长度。

2.0.6 管群 pipe group
多根管孔排列组合成的管道群体。

2.0.7 人孔 manhole
为技术人员进入从事线缆敷设、接续及维护作业提供的空间。

2.0.8 手孔 handhole
为技术人员非进入从事线缆敷设、接续及维护作业提供的空间。

2.0.9 子孔 sub-duct
在套管内穿放的若干根小口径塑料管道统称为子管道，每个子管道称为1个子孔。1个硅芯管管孔等效于1个子孔。

2.0.10 标准管孔 standard pipe

标称内径90mm的管孔，1个标准管孔一般等效于3个子孔。

2.0.11 通信管道容量 capacity of communication conduit

敷设的标准管孔或子孔数量。

2.0.12 电力管道容量 capacity of power channel

根据公路沿线设施和外场设备终端业务需求所配备的管孔口径和数量。

2.0.13 主线管道 trunk conduit

沿公路主线走向的通信或电力管道。

2.0.14 分歧管道 branch conduit

从主线管道引出至公路沿线设施或外场终端设备的管道。

2.0.15 埋设深度 embedded depth of conduit

管道顶部高程至地面或构筑物表面设计高程之间的距离，地面或构筑物表面可以是中央分隔带、路面、土路肩和护坡道等管道埋设位置处的顶面。

2.0.16 管箱 cable trunk

敷设光（电）缆采用的半密闭形式的封闭物体，可分为箱体、箱盖两部分。

2.0.17 牵引法 installation by pulling

采用牵引方式将光（电）缆敷设到管道中的施工方法。

2.0.18 吹缆法 installation by blowing

采用高压气流将光缆吹送到硅芯管、集束管等管道中的施工方法。

2.0.19 安全工作载荷 safe working load

在正常使用中可安全施加的最大荷载。

3 管道材料

3.1 一般规定

3.1.1 公路通信及电力管道应满足相应埋深下的抗压和耐腐蚀等要求。

3.1.2 公路通信及电力管道工程中所使用的管道材料应具有交通工程专项资质的检测机构出具的型式检验合格报告。

3.2 管道材料选择

3.2.1 塑料管道的选择应符合下列规定：
 1 公路通信及电力管道宜采用高密度聚乙烯（HDPE）管、聚氯乙烯（PVC）管和玻璃纤维增强塑料类管道。
 2 选用高密度聚乙烯（HDPE）硅芯管、高密度聚乙烯（HDPE）集束管的管道工程宜采用吹缆法敷缆施工工艺。
 3 选用高密度聚乙烯（HDPE）管、聚氯乙烯（PVC）管、玻璃纤维增强塑料类管道等的管道工程宜采用牵引法敷缆施工工艺。
 4 在高寒地区的特殊环境中，通信及电力主线管道宜采用高密度聚乙烯（HDPE）管和玻璃纤维增强塑料类管道。

条文说明

公路建设中，特别是高速公路，早期主线通信管道的管材为水泥管块，现在主要采用塑料管。目前常用的通信塑料管道有单孔管和多孔管两种。其中，单孔塑料管包括双壁波纹管、实壁管和硅芯管等，多孔塑料管包括栅格管和集束微管等。公路常用的电力塑料管道有双壁波纹管和实壁管两种类型。

3.2.2 其他材料类管道选用应符合下列规定：
 1 其他材料类管道可选用钢管、钢塑复合类管道、可挠金属电线保护管等，其中钢塑复合类管道不宜露天使用，管箱、线槽可选用聚氨酯、玻璃钢、钢制和铝合金等材料。

2 管道工程中使用的钢构件应符合现行《公路交通工程钢构件防腐技术条件》（GB/T 18226）的相关规定。

3 桥梁外露使用的管道保护材料防火等级不应低于难燃等级，桥梁箱梁内和隧道内使用的管道保护材料防火等级不应低于难燃等级中的B级。

4 除金属材料外，露天使用的塑料管道及复合材料管道应经抗紫外线处理，并满足现行《公路沿线设施塑料制品耐候性要求及测试方法》（GB/T 22040）的相关要求。

条文说明

1 钢塑复合类管道包括钢塑复合压力管、孔网钢带聚乙烯复合管等。

线槽可理解为尺寸较小的一种管箱，《电气安装用电缆槽管系统 第1部分：通用要求》（GB/T 19215.1—2003）第3.1.1条对电缆槽系统的定义为"将绝缘导线、电缆、软线完全包围起来和/或为适应其他电气设备而设的由一可拆卸的盖和一底座组成的密闭型包封系统。"金属线槽一般由厚度为0.4~1.5mm的整张钢板弯制而成，属于全封闭型。一般来说线槽尺寸较小，并且由于材质较薄，在严重腐蚀的场所一般不采用。

3 隧道内环境较恶劣，环境污染程度高，隧道内使用的管道材料要能耐受隧道内的恶劣环境影响，为防止腐蚀等情况，允许采用满足工程条件的难燃等级中的B级非金属材料。

4 公路通信管道设计

4.1 一般规定

4.1.1 公路主线通信管道路由的选择应以工程现场地形和地貌、沿线主要构筑物及施工维护的便利性为依据，遵循安全合理、经济可行的原则。

4.1.2 公路通信管道设计时应与公路管理设施、路基、桥涵、隧道、路面、绿化、排水及安全设施等专业协调配合。

4.1.3 公路通信管道容量应根据公路管理设施需求、智慧公路发展需求、远期备用以及社会需求等因素进行设计。

4.2 公路通信管道容量

4.2.1 公路主线通信管道容量应符合表4.2.1的规定。

表 4.2.1 主线通信管道最小容量表（子孔）

类　　别	用途			
	公路交通专用网	通信联网经过路段	公路交通备用	其他
国家高速公路	2	2	6	按需确定
省级高速公路	2	2	4	按需确定
环城高速公路	2	2	6	按需确定
跨海特大桥、海底隧道	18	2	12	按需确定
其他公路	按需确定			

注：1. 本表反映了整体式路基段情况，分离式路基段可在左幅或右幅增加1个子孔。
2. 高速公路复线的公路交通专用网备用管孔不得少于3个子孔。
3. 高速公路共线段的公路交通专用网备用管孔不得少于6个子孔。
4. 备用管孔主要考虑公路交通专用网的远期扩容需求。
5. 其他管孔需考虑公用网和其他专用网的租用需求。
6. 跨海特大桥、海底隧道考虑到资源稀缺性，应预留充足的管道容量。
7. 本表不包括隧道内单独增设的紧急电话、视频传输和可编程逻辑控制器（PLC）环网等分支光缆所用管孔。

条文说明

根据公路通信管道工程的特点，按国家高速公路、省级高速公路、环城高速公路、跨海特大桥、海底隧道和其他公路来进行划分并给出管道容量的下限。

目前国家高速公路通信管道常用容量一般为 12～18 子孔，省级高速公路一般为 6～12 子孔，环城高速公路一般为 18～24 子孔。

公路交通专用网在整体式路基段一般敷设 1 根干线传输光缆和 1 根接入网辅助光缆，占用 2 个子孔；在分离式路基段一般敷设 1 根干线传输光缆和 2 根接入网辅助光缆，占用 3 个子孔，因此建议在分离式路基段的左幅或右幅增加 1 个子孔。

高速公路复线和共线段先依据表 4.2.1 确定基本容量后，然后参照注 2、注 3 再进行折减。

4.2.2 公路主线分歧管道应表 4.2.2 要求进行设置。高速公路、一级公路应每公里按 2 个标准管孔的分歧管道进行预留设计。

表 4.2.2 公路主线分歧管道容量表（标准管孔）

用　　途	数　　量
省级中心	≥8
路段中心	≥6
收费站	≥6
隧道管理所（站）	≥4
服务区	≥6
停车区、养护工区	≥1
监控外场设备	≥2
紧急电话	1
枢纽互通	≥6
治超站	≥4
特大桥桥头	≥4
隧道洞口	见本规范附录 A
社会需求	按需确定

4.2.3 收费广场横穿通信管道应按表 4.2.3 的要求进行设置。

表 4.2.3 收费广场横穿通信管道容量表

车道数（条）	数量（标准管孔）
≤5	3
6～9	4
10～12	6
13～16	8
≥17	12

4.2.4 桥梁上保护用管道容量应符合下列规定：

1 桥梁上通信管箱横断面设计应根据与桥梁相连接的主线通信管道的容量进行计算，标准型号管箱的选用见表4.2.4。

表4.2.4 桥梁上标准型号管箱选用表

通信管道容量 R（子孔）	横断面：宽（mm）×高（mm）
$R \leq 12$	250×150
$12 < R \leq 18$	306×160、310×190
$R > 18$	根据需要定制

2 管箱截面积应大于管箱内所敷设管道截面积之和的2倍。

3 如通信管道过桥梁采用保护管形式，数根硅芯管道或子管的等效外径不应大于保护套管内径的85%。

4.2.5 房建场区内机电工程通信管道容量需求见本规范附录B。

4.3 公路通信管道路由及位置

4.3.1 公路主线通信管道路由及位置应符合下列规定：

1 公路主线通信管道的中心线宜与公路中心线重合或平行。

2 公路主线通信管道埋设位置选择顺序依次是：中央分隔带、边坡、护坡道、土路肩或路堑排水沟两侧、硬路肩。

3 中央分隔带内交通安全设施或排水设施如影响通信管道埋设，管道应采取必要的保护措施或选择其他位置埋设。

4 中央分隔带内设置排水盲沟的公路，主线通信管道宜埋设在排水盲沟上方。

5 不宜在坡度大于1:1.5的边坡内埋设通信管道。

6 公路主线通信管道通过桥梁时，路由宜与路基段路由保持一致。

7 公路主线通信管道通过隧道时，宜设置在隧道行车方向右侧的电缆沟内。

条文说明

3 中央分隔带超高段排水沟、安全设施的护栏形式均影响管道路由的选择，设计时需进行综合论证，合理选择。

7 对于渗水严重或高寒高海拔隧道，允许在行车方向右侧的隧道壁上设置单独的通信管箱。

4.3.2 公路分歧通信管道应根据沿线设施和外场终端设备的位置选择合适的路由和位置。

4.3.3 公路通信管道与其他地下管线及建筑物间的最小净距要求应符合表4.3.3的规定。

表4.3.3 公路通信管道和其他地下管线及建筑物间的最小净距表

其他地下管线及建筑物名称		平行净距（m）	交叉净距（m）
已有建筑物		2.0	—
规划建筑物红线		1.5	—
给水管	$d \leq 300mm$	0.5	0.15
	$300mm < d \leq 500mm$	1.0	
	$d > 500mm$	1.5	
排水管		1.0	0.15
热力管		1.0	0.25
燃气管	压力≤0.4MPa	1.0	0.3
	0.4MPa<压力≤1.6MPa	2.0	
电力电缆	35kV以下	0.5	0.5
	35kV及以上	2.0	
高压铁塔基础边	>35kV及以上	2.5	—
沟渠（基础底）		—	0.5
涵洞、设备或交通标志基础（基础底）		—	0.25

注：1. 当管道在排水管下部穿越时，交叉净距不应小于0.4m。
2. 在燃气管有接合装置和附属设备的2m范围内，通信管道不得与燃气管交叉。
3. 如电力电缆加保护管时，交叉净距可减至0.25m。
4. 通信管道采用钢管保护时，与沟渠、涵洞、设备或交通标志基础底的交叉净距可减至0.1m。
5. 电力电缆与通信电缆分别穿钢管同沟敷设时，平行净距可减至0.1m，钢管应做接地处理。
6. 电缆与光缆同沟敷设时，缆间平行净距不应小于0.1m。

4.4 公路通信管道埋设深度

4.4.1 通信塑料管道埋设深度应符合下列规定：

1 通信塑料管道埋设深度不应低于表4.4.1的要求。埋设深度达不到要求时，应采用套管保护或强度等级不低于C15的混凝土包封，包封厚度不应小于8cm。

表4.4.1 通信塑料管道埋设深度

埋设位置		埋设深度（m）
设置排水盲沟的中央分隔带内		排水盲沟之上，但不宜小于0.5
不设置排水盲沟的中央分隔带内	土质	≥0.6
	石质	≥0.4
边坡		≥0.7
护坡道		≥0.8

续表 4.4.1

埋 设 位 置		埋设深度（m）
土路肩或路堑排水沟两侧	土质	≥0.8
	石质	≥0.4
硬路肩	土质	≥0.8
	石质	≥0.7

注：1. 石质路段挖沟敷设管道后应用水泥砂浆封沟。
　　2. 应避免将管道敷设在冻土层以及可能翻浆的土层内，冻土层较厚时应适当加深管道埋设深度。在地下水位高的地区，可适当减小管道埋设深度。
　　3. 填方区边坡管道埋设深度以坡顶起算。

2　公路通信管道宜设置在冻土层下。设置在冻土层时，应在管群周围填充中粗砂，且围护厚度不应小于20cm。

条文说明

1　影响中央分隔带管道埋深的主要因素有：路段土质类别、排水盲沟深度、护栏形式和立柱间距、防眩安装形式和绿化植物根系等。

对于管道埋设在硬路肩的情况，目前国内实施的工程较少，但在特殊情况下，如受征地、路肩挡墙等条件限制的局部路段管道或改造工程中的部分管道，也可选择设置。

4.4.2　横穿过路及过中央分隔带开口处的通信管道埋设深度应符合表4.4.2的要求。多孔管道之间及外围应采用强度等级不低于C15的混凝土包封，包封厚度不应小于8cm，净距不应小于5cm。

表4.4.2　横穿过路及过中央分隔带开口处通信管道最小埋设深度表

类　　别	埋设深度（m）
钢管	≥0.6
玻璃纤维增强塑料类管道、钢塑复合类管道	≥0.8

4.5　公路通信管道段长和转弯半径

4.5.1　公路通信管道段长应符合下列规定：

1　牵引法穿缆的路基段管道，直线段双壁波纹管段长应不大于160m，栅格管段长应不大于180m；匝道小半径路段，段长应不大于120m；吹缆法穿缆的路基段管道，段长应不大于1 200m。

2　牵引法穿缆并采用管箱保护的桥梁段管道，直线段段长应不大于250m；匝道小半径桥梁段，段长应不大于200m；吹缆法穿缆的桥梁段管道，段长应不大于1 500m。

3　牵引法穿缆并采用套管保护的桥梁段管道，直线段段长应不大于150m；匝道小半径路段，段长应不大于100m。

4.5.2 公路通信管道转弯半径应符合下列规定：

1 牵引法穿缆的塑料弯管道的转弯半径不应小于10m，且同一段管道不得有S弯或中心夹角小于90°的U形转弯。

2 吹缆法穿缆的塑料弯管道的转弯半径不应小于管道外径的15倍。

4.6 公路通信管道敷设

4.6.1 在地下水位低于沟（坑）底，且挖深小于3m时，宜按表4.6.1、图4.6.1的要求确定沟（坑）断面。

表4.6.1 放坡挖沟（坑）的坡度与深度关系表

土壤类别	H：D	
	H≤2m	2m<H<3m
黏土	1：0.10	1：0.15
砂黏土	1：0.15	1：0.25
砂质土	1：0.25	1：0.50
瓦砾、卵石	1：0.50	1：0.75
炉渣、回填土	1：0.75	1：1.00

注：H为深度；D为放坡（一侧的）宽度。

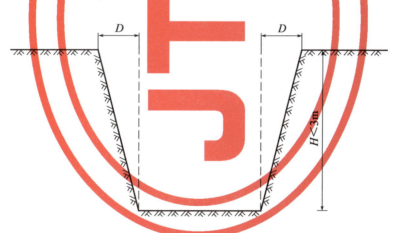

图4.6.1 沟（坑）深不大于3m的断面图

4.6.2 管沟应顺直、平整。管沟沟底宽度宜在管群宽度两边各加宽20cm，加宽部分不应小于5cm。石质路段用爆破方法开沟时，沟底宽度不宜小于20cm，管沟转弯半径不应小于10m。

4.6.3 沿公路开挖的管沟底部应铺设厚度不小于5cm的中粗砂垫层，在场区开挖的管沟底部应整平夯实后铺设厚度不小于8cm的混凝土垫层。管道周围包裹的砂层厚度应不小于5cm。

4.6.4 管沟回填土应符合下列要求：
 1 回填土应采用普土，不得含有砾石、碎砖等坚硬物。
 2 在设置绿化的中央分隔带内，管道两侧及顶部覆盖 15cm 普土后应回填绿化种植土。
 3 在无设置绿化的中央分隔带内、路侧及场区内，应符合下列规定：
  1）管道两侧及顶部 30cm 范围内，每回填 15cm 普土应进行夯实。
  2）管道两侧及顶部 30cm 范围外，每回填 30cm 普土应进行夯实。
  3）在管道顶部 50cm 范围内，管道顶部的压实度不宜小于 85%，管道两侧不宜小于 90%。
  4）在管道顶部 50cm 范围外，管道顶部及两侧压实度要求同路面工程压实度要求。

4.6.5 管道组群应符合下列规定：
 1 管群宜排布成矩形，管群容量宜与人（手）孔托板容纳光（电）缆数量相匹配。
 2 管群进入人（手）孔时，管与管之间应预留 20~50mm 空隙，所有管道及空隙宜在进出人（手）孔外 2m 范围内采用 M10 水泥砂浆包封填实。
 3 吹缆法穿缆的塑料管道在同一地段敷设时，应按颜色或色谱顺序排放并分组，并每隔 3~5m 绑扎一次，绑扎宜采用管架或打包带。
 4 牵引法穿缆的塑料管道接头处应进行包封，接头之间管道每隔 3m 绑扎一次。

4.6.6 管道的连接应符合下列要求：
 1 钢管应采用螺纹连接或套管焊接，其中带螺纹的管接头长度或套管长度不应小于钢管外径的 2.5 倍。焊接处应采用围焊。
 2 埋地敷设的钢管套管焊接处宜采用混凝土包封，包封厚度不小于 8cm；明敷的钢套管焊接处应涂防腐漆。
 3 塑料管、玻璃纤维增强塑料类管道及钢塑复合类管道等应采用配套接头进行套接或插接，其插入深度宜为管道内径的 1.5 倍。
 4 同路径的管道接头宜错开布置。

4.6.7 各种管道进入人（手）孔的位置应符合下列规定：
 1 管顶距人（手）孔上覆底面不应小于 30cm，管底距人（手）孔底面不应小于 20cm。
 2 人（手）孔内不同方向管道相对位置（高程）宜接近，相对管孔高差不宜大于 50cm。
 3 吹缆法穿缆的塑料管道伸出人（手）孔内壁的长度应不小于 40cm。
 4 牵引法穿缆的管道在进入人（手）孔时，管口不应凸出人（手）孔内壁，应终止在距墙体内侧 3~5cm 处，管口应做成喇叭口。

5 软土路基段，牵引法穿缆的塑料管道在进入人（手）孔侧应做不小于2m的钢筋混凝土基础，并采用强度等级不低于C15的混凝土包封，包封厚度应不小于8cm。

6 管道进入人（手）孔的管口应严密封堵。

条文说明

5 软土路基段，牵引法穿缆的塑料管道在人孔处做钢筋混凝土基础和包封，是为了避免路基工后沉降引起管道错断。

4.6.8 牵引法穿缆的通信管道敷设坡度应符合下列要求：

1 当管道沿路侧敷设时，敷设坡度应与公路纵坡一致，并在最低点设置人（手）孔。

2 当管道在场区敷设时，敷设坡度应不小于2.5‰，并倾向人（手）孔侧，必要时可采用人字坡。

4.6.9 牵引法穿缆的管道内应一次性穿放多根塑料子管道，塑料子管道内径宜大于光缆外径的1.5倍；塑料子管道在各人（手）孔之间的管道内不应设置接头。

条文说明

当采用牵引法施工在管道内敷设光（电）缆时，若线缆直径较小，为充分利用管道空间，预先在每个管道内穿放2~4根塑料子管，预放的塑料子管做好识别标记，并在每一个子管内预放好牵引线供牵引光（电）缆使用。

4.6.10 横穿过路的通信管道排水坡度宜与路面坡度一致。

4.6.11 埋地敷设的钢管壁厚应不小于3mm，构筑物内、外明敷的钢管壁厚宜不小于2.5mm。

4.6.12 不同管道区段间处于同一管位的管道底色和色谱应保持一致。

4.6.13 吹缆法穿缆的塑料管道，接头应设置在人（手）孔内。

4.6.14 管道路由变化处应埋设标石。

4.6.15 桥梁段通信管道设计应符合下列规定：

1 主线管道应根据设计高程确定桥梁背墙预留槽口的尺寸。

2 管道托架宜固定在单幅桥梁上，托架间距不宜大于2m。

3 桥头搭板段宜采用保护套管或管箱过渡,并用混凝土包封,混凝土强度等级不应低于C15。

4 管道应在桥梁伸缩缝处加设伸缩套管或伸缩节等措施。

5 过桥梁的保护管或管箱应采取减震措施。

条文说明

5 减震措施一般采取加设弹簧垫圈等方式。

4.6.16 通信管道通过桥梁与填方路基区段设计,应符合下列规定:

1 吹缆法穿缆的通信管道保护管箱与填方区路侧通信管道夹角 α 应不大于 45°,管箱底部应设置厚度不小于 15cm 的混凝土基础,且过渡段土方应夯实,混凝土强度等级应不低于 C15,如图 4.6.16-1 所示。

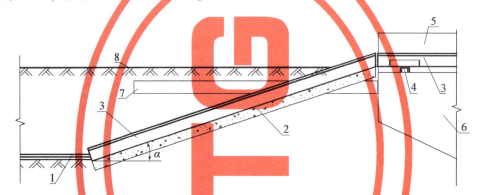

图 4.6.16-1 桥梁段与填方区路侧通信管道(吹缆法穿缆型)布置图
1-通信管道;2-混凝土基础;3-管箱;4-支架;5-护栏;6-耳墙;7-搭板;8-路面

2 牵引法穿缆的通信管道保护管箱与填方区路侧通信管道夹角 β 应不大于 45°,管群应采用厚度不小于 10cm 的钢筋混凝土进行包封,且过渡段土方应夯实,并于桥头搭板外侧设置人(手)孔调节高程,混凝土强度等级不低于 C15,如图 4.6.16-2 所示。

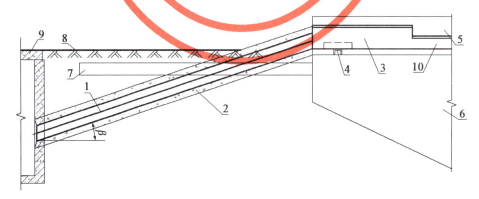

图 4.6.16-2 桥梁段与填方区路侧通信管道(牵引法穿缆型)布置图
1-通信管道;2-混凝土基础;3-接头管箱;4-支架;5-护栏;6-耳墙;7-搭板;8-路面;9-人(手)孔;10-管箱

4.6.17 吹缆法穿缆的通信管道,在桥梁与挖方段排水沟衔接处可参照图 4.6.17 布置,其中,α、β和γ的角度均不应大于45°;牵引法穿缆的通信管道可通过在桥头设置人孔进行高程调节。

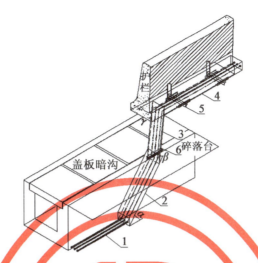

图 4.6.17 桥梁段与挖方区路侧通信管道(吹缆法穿缆型)布置图
1-通信管道;2-管箱斜向入土段;3-管箱水平转换段;4-管箱桥梁段;5-支架;6-支撑钢构件

4.6.18 通信管道通过涵洞、通道段设计,应符合下列规定:

1 通信管道跨越明涵洞、明通道应采用管箱或套管保护。

2 通信管道在暗涵洞、暗通道段上方埋设深度小于 0.5m 时,应在涵洞上方和渐变段用混凝土包封管道,混凝土厚度应不小于 8cm,混凝土强度等级应不低于 C15。

4.6.19 通信管道过桥梁中墩及中央分隔带设备基础处的设计应符合下列规定:

1 桥梁中墩或设备基础完全侵占中央分隔带时,通信管道宜在中墩或设备基础内预留套管通过。

2 桥梁中墩或设备基础未完全侵占中央分隔带时,通信管道宜紧贴中墩或设备基础渐变绕行通过,并应采用套管保护或强度等级不低于 C15 的混凝土包封,包封厚度应不小于 8cm。

3 通信管道应在渐变段起终点设置标石。

条文说明

2 管道绕行通过指管道过渡至路侧绕行或直接敷设在路缘带下绕行,但需做好相应的防护措施。

4.6.20 过中央分隔带开口处,通信管道设计应符合下列规定:

1 吹缆法穿缆的通信管道通过中央分隔带开口处,应采用套管、电缆沟或混凝土包封等措施保护,保护长度应不小于中央分隔带开口长度两侧外延 1m,如图 4.6.20 所示。

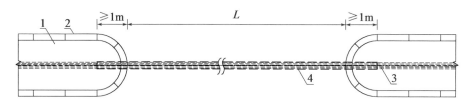

图 4.6.20 中央分隔带开口通信管道布置图
1-中央分隔带；2-路缘石；3-通信管道；4-保护套管、电缆沟或混凝土包封；
L-中央分隔带开口长度

2 牵引法穿缆的通信管道通过中央分隔带开口处，应采用套管、电缆沟或混凝土包封等措施保护，并在中央分隔带开口两侧设置人孔，人孔应避开渐变段护栏立柱，且保护套管、电缆沟应通入人孔。

4.6.21 填方、挖方交界处通信管道宜在排水沟底或底板内预埋套管通过，管道转弯角度不应大于 45°，如图 4.6.21 所示。

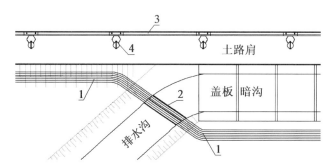

图 4.6.21 填方、挖方交界处通信管道（吹缆法穿缆型）布置图
1-通信管道；2-保护套管；3-护栏；4-护栏立柱

4.6.22 隧道洞口应根据地形，制订综合管道布置方案，宜避免通信管道、电力管道、消防管道及排水沟之间的相互交叉，如无法回避可按相关规范要求控制与所交叉设施的距离，同时路段通信管道和电缆沟内的通信管道应进行顺接，做法见本规范附录 A。

4.6.23 通信管道通过上跨铁路的桥梁时，应采用在箱梁内敷设、在护栏内预埋套管或将中央分隔带空隙封闭的方式通过，预埋套管相关要求应符合本规范第 6.2 节的有关规定。

4.6.24 通信管道在电缆沟内敷设时，支架层间垂直最小距离不应小于 12cm，支架纵向间距应不大于 80cm。

4.6.25 房建场区内机电工程通信管道敷设应符合现行《民用建筑电气设计规范》（JGJ 16）的有关规定。

5 公路电力管道设计

5.1 一般规定

5.1.1 公路电力管道包括管道、管箱和电缆沟。

5.1.2 位于同一路由的公路电力管道应按远期规划容量设计。

5.1.3 公路电力管道容量应根据公路沿线设施和外场设备供电需求设计。

5.1.4 公路电力管道管径与内穿电缆应符合下列规定：
1 每个管孔宜穿 1 根电缆。
2 多缆合穿时电力电缆数量不应多于 3 根。
3 电力管道内径不宜小于电缆外径或多根电缆包络外径的 1.5 倍。

条文说明

管道内电缆为 3 根时，一般情况下，填充率按不超过 40%。但当线路很短、无弯曲、穿线容易时，填充率允许提高到 60%。

5.1.5 电缆管箱或金属线槽内电缆总截面积（包括外护层）与管箱或线槽横断面面积之比应不大于 40%，电缆总数不宜超过 30 根，管箱或线槽宜预留 10%~25% 的空间。

5.1.6 收费广场横穿电力管道应按表 5.1.6 的规定进行设置。

表 5.1.6 收费广场横穿电力管道容量表

车道数（条）	数量（标准管孔）
≤5	3
6~12	4
13~16	6
17~20	8
≥21	12

5.1.7 房建场区内机电工程电力管道容量需求见本规范附录 B。

5.2 公路电力管道路由及位置

5.2.1 公路电力管道路由应短捷、安全，并考虑施工及维护方便。

5.2.2 公路电力管道埋设位置宜选择在：边坡、护坡道、土路肩或路堑排水沟两侧、隔离栅内侧边缘、中央分隔带、硬路肩。

5.2.3 隧道内电力管道宜设置在行车方向左侧的电缆沟内。

条文说明

对于渗水严重或高寒高海拔隧道，电力管道允许在行车方向左侧的隧道壁上设置单独的电缆管箱或与照明电缆管箱共用。管箱注意不要侵入建筑限界。

5.2.4 公路电力管道不宜平行设置于公路通信管道的正上方或正下方。

5.2.5 电力管道与其他管线及建筑物间的最小净距要求应符合表 5.2.5 的规定。

表 5.2.5 电力管道与其他管线及建筑物间的最小净距要求

其他管线及建筑物名称		平行净距（m）	交叉净距（m）
10kV 及 10kV 以下电力电缆或控制电缆		0.1	0.25
地下管沟	热力管沟	2①	0.25
	油管或易（可）燃气管道	1	0.25
	其他管道	0.5	0.25
建筑物基础		0.6①	—
树木的主干		0.7	—
1kV 以下架空线电杆		1.0①	—
1kV 以上架空线杆塔基础		4.0①	—
沟渠（基础底）		—	0.5②
涵洞、设备或交通标志基础（基础底）		—	0.25②
隔离栅基础		0.3	—

注：①特殊情况时，减小值不得大于50%。
②电力管道采用钢管时，与沟渠、涵洞、设备或交通标志基础底的交叉净距可减至0.1m。

5.3 公路电力管道埋设深度

5.3.1 公路电力管道的埋设深度应满足表 5.3.1 的要求。埋设深度达不到要求时，应采用套管保护或强度等级不低于 C15 的混凝土包封，包封厚度不应小于 8cm。

表 5.3.1　公路电力管道埋设深度表

埋设位置		埋设深度（m）
边坡		≥0.7
护坡道		≥0.8
土路肩或路堑排水沟两侧	土质	≥0.8
	石质	≥0.4
防护网内侧		≥0.6
设置排水盲沟的中央分隔带内		排水盲沟之上，但不宜小于0.5
不设置排水盲沟的中央分隔带内	土质	≥0.6
	石质	≥0.4
硬路肩	土质	≥0.8
	石质	≥0.7

注：1. 石质路段管道挖沟敷设后应用水泥砂浆封沟。
　　2. 应避免将管道敷设在冻土层以及可能翻浆的土层内，冻土层较厚时应适当加深埋设深度。在地下水位高的地区，可适当减小埋设深度。

5.3.2　横穿过路的电力管道应按本规范第 4.4.2 条的规定执行。

5.4　公路电力管道敷设

5.4.1　当电缆处于易受机械损伤、承受车辆荷载或有酸碱腐蚀性的场所时，宜采用电力管道敷设方式。

5.4.2　埋地敷设的电力管道可采用镀锌钢管、玻璃纤维增强塑料类管道、钢塑复合类管道或塑料管。

5.4.3　公路电力管道直线段段长宜不大于 100m，匝道小半径路段宜不大于 70m。

5.4.4　公路电力管道管沟开挖、回填，管道组群、接续、管道进入人（手）孔的处理，电力管道排水坡度以及钢管壁厚要求应符合本规范第 4.6.1～第 4.6.11 条的有关规定。

5.4.5　构筑物段明敷的钢管应可靠接地，并符合下列规定：
1　钢管在构筑物内部敷设时，螺纹连接或套管焊接的钢管两端宜采用专用接地卡固定保护联结导体，两卡间连接应采用截面积不小于 4mm² 的多股铜芯软导线。
2　钢管露天敷设时，钢管连接处两端应熔焊焊接保护联结导体，联结导体宜采用圆钢，直径不小于6mm，搭接长度应不小于圆钢直径的6倍，焊接处应涂防腐漆。

3 钢管与接线盒连接处、接线盒两侧钢管应设置跨接保护联结导体，设置方式参照钢管连接。

条文说明

镀锌钢管与保护导体可靠连接是为了防止产生间接接触电击现象。跨接导体规格是按《低压电气装置 第5-54部分：电气设备的选择和安装 接地配置和保护导体》（GB/T 16895.3—2017）第543.1.3条而提出的。保护联结导体为保护性等电位联结而设的保护导体。

构筑物内部主要指隧道内、桥梁箱梁内部。在构筑物内部明敷的螺纹连接镀锌钢管，为减少对镀锌层的破坏，故采用专用接地卡固定连接导体；在构筑物外部露天敷设的镀锌钢管，由于外部环境比较恶劣，跨接的地线容易松动、腐蚀，无法做到可靠的接地效果，因此采用焊接连接方式。

5.4.6 公路电力管道过桥梁应按本规范第4.6.15条的有关规定执行。

5.4.7 过桥梁等构筑物的保护管或管箱的支撑托架纵向布设间距不宜大于2m，并应在距接线盒、分支管或端部30~50cm处加设。

5.4.8 电缆管箱过构筑物时，应符合下列规定：
1 金属电缆管箱及其支架应可靠接地，全长不应少于2处接地保护导体相连。
2 多组电缆管箱分层敷设时，电力电缆管箱层间距不宜小于30cm；电力电缆管箱与通信电缆管箱层间距不宜小于50cm，当设置屏蔽盖板时间距可减小到30cm。
3 电力电缆、通信光（电）缆不应在同一管箱内敷设。
4 两组或两组以上电缆管箱上下平行敷设或同一高度平行敷设时，各相邻电缆管箱间应预留维护、检修空间。

5.4.9 电缆管箱的组成结构应满足强度、刚度及稳定性要求，且应符合下列规定：
1 电缆管箱安全系数按1.5取值。
2 管箱在允许安全工作载荷作用下的相对挠度值，复合材料及钢制不宜大于1/200；铝合金制不宜大于1/300。
3 复合材料及钢制托臂在承受安全工作载荷下的偏斜与臂长比值不宜大于1/100。

5.4.10 需屏蔽外部的电气干扰时，应选用金属材质管箱。

5.4.11 电缆管箱在直线段超过下列长度时，应预留不少于20mm的伸缩缝：
1 钢制30m。

2 铝合金制 15m。

3 聚氨酯复合材料或玻璃钢制 50m。

条文说明

钢材的线膨胀系数为 12×10^{-6}，铝合金的线膨胀系数为在 $22 \times 10^{-6} \sim 24 \times 10^{-6}$ 之间，玻璃钢和聚氨酯复合材料的线膨胀系数因玻璃纤维的不同而不同，一般在 $2.7 \times 10^{-6} \sim 7.2 \times 10^{-6}$ 之间。

钢制管箱的伸缩量按式（5-1）计算：

$$\Delta l = 12 (T_1 - T_2) L \times 10^{-3} \tag{5-1}$$

式中：Δl——伸缩量（mm）；

L——管箱长度（m）；

$T_1 - T_2$——温度差（℃）。

根据式（5-1）计算的钢制管箱的伸缩量参见表 5-1。

表 5-1　钢制管箱伸缩量要求

温差（℃）	管箱长度（m）	伸缩量（mm）
40	30	14.4
	40	19.2
	50	24.0
	60	28.8
50	30	18.0
	40	24.0
	50	30.0
	60	36.0

因此，在直线段长度超过 30m 时需要设置伸缩缝。当温差 40℃时，50m 设置一处；温差 50℃时，40m 设置一处。其他类型管箱根据各自的线膨胀系数参照设置。

5.5　电缆沟设计

5.5.1　当电缆出线集中、与地下管网交叉不多且地下水位较低时，可采用电缆沟方式。

条文说明

电缆沟敷设电缆是常用的布线方式，但经常会由于维护不当，运行年久后，出现盖板断裂、破损、地表水溢入电缆沟内等情况，容易使电缆绝缘变差，导致电缆发生短路，引发火灾事故，故使用条件有所限制。

5.5.2 电缆沟内支架、单排管箱层间垂直最小距离不应小于表5.5.2的规定。

表 5.5.2　电缆支架、单排管箱层间最小距离要求

电缆电压级和类型		普通支架（mm）	管箱（mm）
电力电缆明敷	6kV 以下	150	250
	6～10kV 交联聚乙烯	200	300
	35kV 单芯	250	300
	35kV 三芯	300	350
线槽敷设		h + 80	h + 100

注：h 表示线槽外壳高度。

条文说明

电缆支架的层间最小距离是为了便于电缆敷设及固定、设置接头，并可更换、增设任一线缆及其接头的需求。

5.5.3 电缆沟内通道净宽不宜小于表5.5.3要求。

表 5.5.3　电缆沟内通道净宽要求（mm）

电缆支架配置方式	H≤600	600＜H＜1 000	H≥1 000
两侧	300	500	700
单侧	300	450	600

注：H 表示电缆沟净深。

条文说明

电缆沟内通道的最小净宽是为了便于电缆敷设和检修。

5.5.4 水平敷设的最上层、最下层电缆支架布置应符合下列规定：

1　最上层支架距不可开启顶板净高不宜小于表5.5.2所列数值再加80～150mm，同时满足电缆向上引线时的弯曲半径要求。

2　最上层支架距其他设备或装置的净距不应小于300mm。

3　最下层电缆支架距电缆沟底部净距不宜小于50mm。

条文说明

电缆的最小弯曲半径参考表5-2的数值。

表 5-2　电缆最小允许弯曲半径要求

电 缆 种 类	最小允许弯曲半径
无铅包、钢铠护套的橡皮绝缘电力电缆	10d
有钢铠护套的橡皮绝缘电力电缆	20d

续表 5-2

电 缆 种 类	最小允许弯曲半径
聚氯乙烯绝缘电力电缆	10d
交联聚乙烯绝缘电力电缆	15d
控制电缆	10d

注：d 为电缆外径。

5.5.5 电缆沟内支架间距应满足表 5.5.5 的要求，安装时误差不应大于 50mm。

表 5.5.5　电缆沟内支架安装间距表（mm）

电 缆 种 类		敷设方式	
		水平	垂直
电力电缆明敷	全塑型	600	1 000
	除全塑型外的中、低压电缆	800	1 500
	35kV 及 35kV 以上的高压电缆	1 500	2 000

条文说明

表 5.5.5 所列数值为工程经验值，是电缆实现支撑并不损坏电缆的外护层及缆芯的一般性要求。小截面全塑型电缆，由于刚性不足，容易形成松弛下垂，因此缩小跨距以满足敷设要求。

垂直敷设方式固定点间跨距比水平敷设稍大，表中根据电缆类型设计垂直敷设电缆的间距，以防止由电缆自重损坏电缆，同时也避免因电缆自重和热胀冷缩给支架以及固定部位带来过大的作用力。

5.5.6 电缆沟内宜采用臂式支架，支架长度不宜大于 350mm，并应可靠接地。

5.5.7 电缆沟应采取防水措施，沟底部应做不小于 0.5% 的坡并坡向集水井，积水可经止回阀直接排入排水管道或用泵排出。集水井间距宜为 50m。

条文说明

电缆沟内进水和积水是运营后经常出现的情况，由此造成电缆被水浸泡，导致电缆绝缘损坏屡有发生。因此为保证电缆安全，电缆沟除做防水处理外，并在沟底做成坡度以及设置集水坑，以方便及时排水。

5.5.8 电缆沟在进入建筑物处应采取防火封堵措施。

5.5.9 电缆沟应根据不同环境满足相应的荷载和耐久性要求。电缆沟盖板可采用钢筋混凝土、钢制和复合材料制作，单块质量不宜超过50kg。

条文说明

电缆沟根据环境分为过车和不过车两种工况，在过车的工况下电缆沟所承受的车辆荷载根据《公路工程技术标准》（JTG B01）选取。电缆沟的耐久性设计根据使用年限和环境类别执行《混凝土结构设计规范》（GB 50010）和《砌体结构设计规范》（GB 50003）的相关要求。

目前电缆沟盖板多为钢筋混凝土制作。在电缆沟内电缆维修时，一般采用人工开启地沟盖板，由于盖板过重，开启和放置时，常有磨损而形成地沟盖板残缺，沟中电缆受日照、水泡等影响极易发生故障，所以限制单块质量不超过50kg。

隧道内的电缆沟盖板质量可达到80kg左右，维护时需要机械才能开启，给运营维护带来了极大的不便。另外在建设期，隧道内电缆沟盖板由主体工程实施后，管道、供配电、消防等施工单位进场会造成重复开启，很容易损坏盖板，而且过重的盖板给工程施工带来了极大的不便，因此建议盖板采用满足防火要求的轻质材料制作。

5.5.10 房建场区内机电工程电力管道敷设应符合现行《民用建筑电气设计规范》（JGJ 16）的有关规定。

6 构筑物内管道设计

6.1 一般规定

6.1.1 桥梁、隧道等构筑物内的预埋管道可采用钢管或塑料管。

6.1.2 预埋管道内径与电缆外径的比值，应按本规范第 5.1.4 条的要求执行。

6.1.3 预埋在混凝土内的钢管内壁应做防腐处理。

6.1.4 构筑物内预埋钢管壁厚应不小于 2.5mm，预埋塑料管环刚度应不低于 $4kN/m^2$，预埋接线盒钢板厚度应不小于 2mm。

条文说明

塑料管道暗敷于混凝土内，在安装过程中将受到不同程度的外力作用，需要足够的抗压及抗冲击能力。

6.1.5 构筑物内的预埋金属管道应可靠接地，并应符合下列规定：
1 可挠金属电线保护管之间连接、管与接线盒连接应采用专用接地卡固定保护联结导体，导体应符合本规范第 5.4.5 条的有关规定。
2 钢管连接、钢管与接线盒连接应符合本规范第 5.4.5 条的有关规定。

条文说明

桥梁段预埋金属管道的接地可以通过与箱梁或护栏内主筋焊接，利用护栏内主筋、箱梁内主筋和桥墩内主筋形成接地网，注意将各段衔接处进行可靠连接。

6.1.6 构筑物内预埋管道与构筑物表面距离不宜小于 30mm。一般情况下，管道宜预埋在构筑物表面第一层钢筋网内。

6.1.7 构筑物内预埋管道与接线盒底部的净距不宜小于 5cm。

6.1.8 构筑物内预埋管道端口宜与接线盒内壁齐平。

6.1.9 构筑物内的预埋管道应设置直径不小于 2mm 的钢丝牵引线，并在管口做密封处理。

6.1.10 预埋在构筑物内的管道弯曲半径，当管径不大于 50mm 时，不应小于管道外径的 6 倍；当管径大于 50mm 时，不应小于管道外径的 10 倍。

6.1.11 预埋在构筑物内的管道段长应符合下列要求：
1 直线段按每 30m 设置 1 处接线盒。
2 曲线段段长不超过 20m，同时不得出现 S 弯或弯曲部分的中心夹角小于 90°的 U 形弯。

6.2 桥梁护栏内管道设计

6.2.1 预埋在护栏内的管道在过桥梁伸缩缝时，可按下列方式处理。
1 护栏内预埋管道为钢管时，可按图 6.2.1-1 进行处理，套管和靠近伸缩缝的预埋管之间应填充黄油。

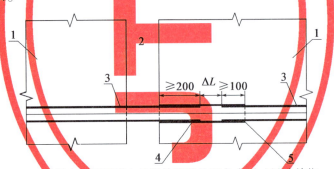

图 6.2.1-1 护栏内预埋钢管在桥梁伸缩缝处理方式图（尺寸单位：mm）
1-护栏；2-伸缩缝；3-预埋钢管；4-套管；5-围焊；ΔL-桥梁伸缩量

2 护栏内预埋管道为塑料管时，可按图 6.2.1-2 进行处理，套管和预埋管之间应填充黄油。

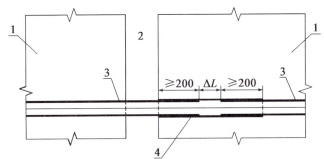

图 6.2.1-2 护栏内预埋塑料管在桥梁伸缩缝处理方式图（尺寸单位：mm）
1-护栏；2-伸缩缝；3-预埋塑料管；4-套管；ΔL-桥梁伸缩量

6.2.2 护栏内预埋接线盒开门宜朝向行车道，门与盒体宜采用销轴方式连接，盒盖处应具有不低于 IP54 的防尘与防水功能。

6.2.3 护栏起终点应预留接线盒，同时预埋管道在桥头应伸出护栏端面不小于 20cm，外露部分应采取防止机械损伤的措施。

6.3 钢箱梁桥梁管道设计

6.3.1 钢箱梁内应为管箱、分支管道预留安装空间及固定件。

6.3.2 钢箱梁内管箱底部与钢箱梁底板净距不宜小于 1.2m。

6.3.3 在钢箱梁伸缩缝处可采用链式管箱作为线缆过渡保护措施。

6.3.4 在主塔位置处，桥梁底板和主塔柱侧壁均应预留进线管道，其中通信应预留不少于 2 个标准管孔，电力应预留不少于 4 个标准管孔。

6.3.5 桥梁主塔内每层隔板、塔顶和塔外设备处均应预留管道，预留管道应避开电梯位置，塔顶处管口不应垂直敞开向上，端部应设置防水弯。

6.4 隧道内管道设计

6.4.1 隧道可采用预埋管道或预留槽方式敷设线缆。预埋管道可采用钢管、防水型可挠金属电线保护管和塑料管，其中塑料管环刚度应不低于 $4kN/m^2$。

6.4.2 隧道内预埋管道管口在设备洞室处宜与洞室表面齐平。

6.4.3 隧道内车行横道与主洞交叉处管道应预留不少于 6 个标准管孔。

7 人（手）孔设计

7.1 一般规定

7.1.1 人（手）孔应由上覆、井壁、基础及附属配件组成。

7.1.2 通信管道及电力管道的人（手）孔应分开设置。

7.1.3 人（手）孔应具有防水、排水功能，并应符合下列规定：
1 人（手）孔井壁、上覆、基础应采用抗渗混凝土或外刷防水材料等方式防水；结合处缝隙、管道预留窗口处应做好抹缝或混凝土包封等防水措施。
2 人（手）孔在具有良好排水条件的地段，应设置排水管，并在排水管入口或出口处设置防鼠装置；在不具有良好排水条件的地段，应设置积水罐。

7.1.4 中央分隔带人（手）孔如截断盲沟内排水管，应将排水管在人孔外侧进行连接，或在人（手）孔迎水面设置横向盲沟排水管。

7.2 人（手）孔设置原则

7.2.1 人（手）孔设置位置应符合下列要求：
1 人（手）孔位置应设置在光（电）缆分支点、汇接点、管道段长控制点、坡度较大的管线拐弯处等。
2 人（手）孔位置应与其他相邻管线及管井保持距离，并相互错开。
3 人（手）孔位置应注意减少与其他构筑物的相互影响，尽量选择在地形平坦、地质稳固及地势较高处，同时应尽量避开安全性差、进出不便、低洼积水处以及难以开挖的路段。
4 人（手）孔顶部高程宜高出周围地表4cm以上；人（手）孔设置在硬路肩等车辆通行地段时，人（手）孔顶部高程不应超出周围地表平面。
5 人（手）孔设置在整体式混凝土护栏的中央分隔带时，顶部高程应与路面平齐，混凝土护栏在人（手）孔位置应采用预制吊装方式。
6 外场设备终端应设置手孔。

7.3 人（手）孔类型及建筑要求

7.3.1 人（手）孔类型应符合下列规定：

1 人孔的平面形状，宜采用矩形、标准八边形（八边菱形）和转弯形等，手孔的平面形状宜为方形。人（手）孔的内部净距不宜小于表7.3.1-1的规定。

表7.3.1-1 人（手）孔内部净距表

名 称	人（手）孔类别	最小净距（m）
长度	人孔	1.5
	手孔	0.5
宽度	人孔	1.2
	手孔	0.4
高度	人孔	1.8①
	手孔	0.3

注：①此处指设置上覆的人孔。

2 根据人（手）孔通向，将人（手）孔类型按表7.3.1-2分类。

表7.3.1-2 人（手）孔类型表

形 式		管道中心线交角（°）	备 注
直通型		<7.5	适用于直线管道中间设置人孔
三通型		>82.5	适用于直线管道上有另一方向分歧
四通型		—	适用于纵横两路管道交叉点
斜通型	15°	7.5~22.5	适用于非直线折点上设置人孔
	30°	22.5~37.5	
	45°	37.5~52.5	
	60°	52.5~67.5	
	75°	67.5~82.5	
手孔		—	适用于容量较少、走向简单的分歧管线

条文说明

人（手）孔需根据通向和使用要求选用国家相关的现行标准图集或自行进行设计，但其内部净距需满足本条要求，同时人（手）孔基础、井壁、上覆等符合相关荷载、强度的要求。

人孔按通向划分为下列四种：

(1) 直通人孔：适用于直线管道中间设置的人孔。

(2) 三通人孔：适用于直线管道上有另一方向分歧管道，在其分歧点上设置的人孔或局前人孔。

（3）四通人孔：适用于纵横两条管道交叉点上设置的人孔或局前人孔。

（4）斜通人孔：适用于非直线（或称弧形、弯管道）折点上设置的人孔。斜通人孔分为15°、30°、45°、60°、75°五种。每种斜通人孔的角度，可以适用于±7.5°范围以内。

7.3.2 人（手）孔建筑结构应符合下列规定：

1 人（手）孔应采用混凝土基础，遇到土壤松软或地下水位较高时，应增设渣石垫层或采用钢筋混凝土基础。

2 人（手）孔井壁可采用钢筋混凝土或砌体结构。在地下水位高、土壤冻融严重的地区，人（手）孔应采用钢筋混凝土结构；当不易受损坏且不易积水时，人（手）孔可采用砌体结构。

3 人（手）孔上覆宜采用钢筋混凝土结构。

4 人（手）孔地基承载力应大于100kPa；人（手）孔上覆承受的汽车轮压应不小于70kN。井座的载荷能力应大于或等于上覆荷载能力。

5 人（手）孔建筑结构所采用的混凝土强度等级应不低于C20。

条文说明

根据公路建设的实际情况，选用恰当的人（手）孔结构。钢筋混凝土结构承载力和防水性能优良，但对于施工空间允许、不易受损坏且人（手）孔内不易积水（如气候干旱地区或排水条件良好等）的地方，考虑到经济性和便利性，人（手）孔也允许采用砖砌结构或混凝土砌块结构。

7.3.3 人（手）孔坑回填应符合下列要求：

1 中央分隔带和路侧人（手）孔外壁四周宜采用素混凝土回填。

2 场区内人（手）孔外壁四周的回填土每回填30cm，应进行夯实且不得高于人（手）孔井座高程。

条文说明

位于中央分隔带和路侧的人（手）孔基坑，为减小对路基和边坡的影响，一般尽量避免开挖过大，因此井外壁与基坑的间距较小，造成回填土的夯实工作较困难，针对这种情况，建议采用素混凝土方式对人（手）孔外壁四周进行回填，而位于场区内的人（手）孔坑开挖一般无此限制，采用普土夯实方式回填即可。

7.3.4 利用分离式中央分隔带混凝土护栏作为井壁的人（手）孔，井盖不宜高于护栏顶面。

7.3.5 人孔上覆开孔直径应不小于70cm。

7.4 人（手）孔附件

7.4.1 人（手）孔应根据相应尺寸和使用功能选配口圈、井盖、积水罐、电缆支架、托板、穿钉、拉力环等附件。

7.4.2 人（手）孔附件可采用金属材料或复合材料制品，其中人（手）孔内装设的支架及电缆（光缆）托板，不得采用铸铁制造。

7.4.3 人（手）孔井盖应有防盗、防滑、防跌落、防位移、防噪声等措施，井盖上应有明显的用途及产权标志。

8 改（扩）建管道设计

8.1 一般规定

8.1.1 公路改（扩）建或公路管理设施改造引起的管道容量增加、路由改变时，应进行管道的改（扩）建设计。

8.1.2 改（扩）建工程中通信及电力管道设计前应调研管道现状、管孔使用状况，根据路基、路面工程施工方案，本着充分利用原有管道的原则进行设计。

条文说明

改（扩）建公路管道工程设计应结合土建工程改（扩）建方案，充分调研后确定原管道保留、新建、迁移、扩建路段以及临时管线方案，合理选择敷设路由。

8.1.3 改（扩）建工程中除去通信系统改（扩）建占用的管孔后，冗余孔数少于3个子孔时，通信管道应进行扩建。扩建的通信管道容量不宜少于6个子孔。

8.2 管道改（扩）建

8.2.1 主线管道的布置应符合下列规定：
1 双侧加宽路段，宜保留原设置于中央分隔带内管道，原设置于路侧的管道应进行迁移或重建。
2 单侧加宽路段，如原公路中央分隔带保留，则原管道应予以保留；如原公路中央分隔带拆除，则原管道应迁移或重建。
3 分离增建路基段，新建管道宜设置于新建段路侧。
4 通信管道需扩建时，宜设置于中央分隔带内或路侧。

8.2.2 原主线管道继续利用的条件应符合下列规定：
1 需要保留的管道，应对空余的管孔进行试通，如发现堵塞应及时疏通。
2 需要迁移的管道，经检测与综合评定后，对满足技术要求的管道应迁移后继续使用。

条文说明

对原管道的评定需综合考虑运输、处理、环保和使用寿命等因素。

8.2.3 分歧管道改（扩）建应符合下列规定：

1 双侧加宽和单侧加宽路段，原横穿过路的分歧管道宜保留，并尽量接续利用。

2 新增横穿过路的分歧管道应结合改（扩）建方案，可采用反开挖方式、顶管或拉管非开挖方式以及利用桥涵绕行等方式进行设计。

条文说明

反开挖方式主要适用于新建路段或原路面进行改造路段，新增的横穿过路分歧管道可结合路面施工进度及时进行敷设；顶管或拉管方式主要适用于正在通行且附近无桥涵可供管道绕行的路段，并且为方便施工作业，顶管或拉管的位置尽量选择在填方段。

8.2.4 人（手）孔改（扩）建应符合下列规定：

1 双侧加宽路段，中央分隔带人（手）孔应予以保留，路侧人（手）孔应进行拆除后新建，原人（手）孔内分歧管道应及时接续。

2 单侧加宽路段，若原中央分隔带保留，则人（手）孔应予以保留；若原中央分隔带拆除，则应随新建管道相应位置新建人（手）孔。

附录 A 隧道洞口通信及电力管道容量

A.0.1 隧道洞口与路基衔接段，当变电所设置于左右幅道路中间时，洞口处通信及电力管道布置如图 A.0.1 所示，容量可按表 A.0.1 取值。

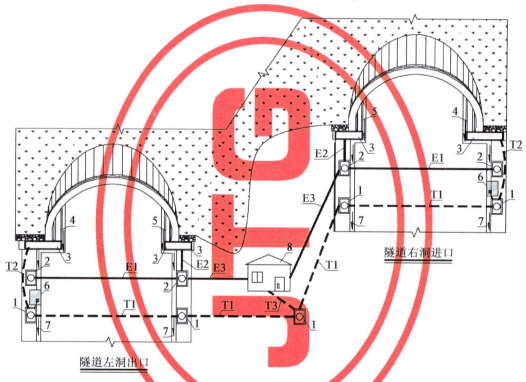

图 A.0.1 居中设置变电所的隧道洞口通信和电力管道布置图

1-通信人孔；2-电力人孔；3-洞口人孔；4-通信电缆沟；5-电力电缆沟；6-紧急电话平台；7-排水沟；8-变电所

表 A.0.1 居中设置变电所的隧道洞口通信及电力管道容量表

名称	类别	路由起点	路由终点	管道容量（标准管孔）
T1	通信横穿过路管道	—	—	≥ 2（$L \leq 500m$）； ≥ 4（$500m < L \leq 1000m$）； ≥ 6（$L > 1000m$）
T2	通信管道	通信人孔	洞口人孔	容量同主干通信管道
T3	通信管道	通信人孔	变电所	≥ 1
E1	电力横穿过路管道	—	—	≥ 2
E2	电力管道	电力人孔	洞口人孔	≥ 6（$200m < L \leq 800m$）； ≥ 12（$L > 800m$）
E3	电力管道	电力人孔	变电所	E3 = E1 + E2

注：1. L 为隧道长度。
　　2. 如标准管孔口径不满足本规范第 5.1.4 条要求时，应加大管道口径。

A.0.2 隧道洞口与路基衔接段，当变电所设置在道路行车方向外侧时，洞口处通信及电力管道布置如图 A.0.2 所示，容量可按表 A.0.2 取值。

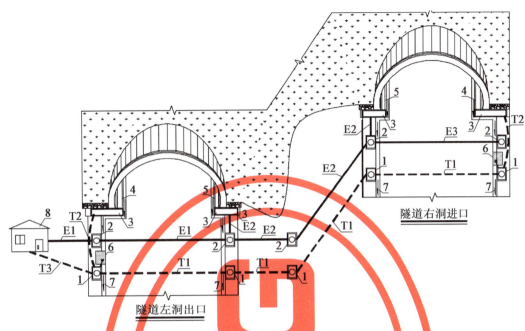

图 A.0.2 变电所边侧设置的隧道洞口通信和电力管道布置图

1-通信人孔；2-电力人孔；3-洞口人孔；4-通信电缆沟；5-电力电缆沟；6-紧急电话平台；7-排水沟；8-变电所

表 A.0.2 变电所边侧布置的隧道洞口通信及电力管道容量表

名 称	类 别	路由起点	路由终点	管道容量（标准管孔）
T1	通信横穿过路管道	—	—	≥2（L≤500m）； ≥4（500m<L≤1000m）； ≥6（L>1000m）
T2	通信管道	通信人孔	洞口人孔	容量同主干通信管道
T3	通信管道	通信人孔	变电所	≥1
E1	电力横穿过路管道	电力人孔	变电所	≥12（200m<L≤800m）； ≥24（L>800m）
E2	电力管道	电力人孔	洞口人孔	≥6（200m<L≤800m）； ≥12（L>800m）
E3	电力横穿过路管道	—	—	≥2

注：1. L 为隧道长度。
    2. 如标准管孔口径不满足本规范第 5.1.4 条要求时，应加大管道口径。

A.0.3 隧道洞口与桥梁衔接段，应按图 A.0.3 所示采用预埋管道的方式将电缆沟连通到桥梁护栏外部，预埋管道角度 α 不大于 45°，管道端口与护栏外表面齐平。

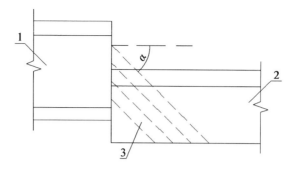

图 A.0.3　隧道洞口与桥梁衔接部位管道预埋方式图
1-隧道电缆沟；2-桥梁混凝土护栏；3-预埋管道

附录 B 场区内机电工程通信及电力管道容量

B.0.1 公路服务区、停车区场区内机电工程通信及电力管道容量可按图 B.0.1 进行布置。

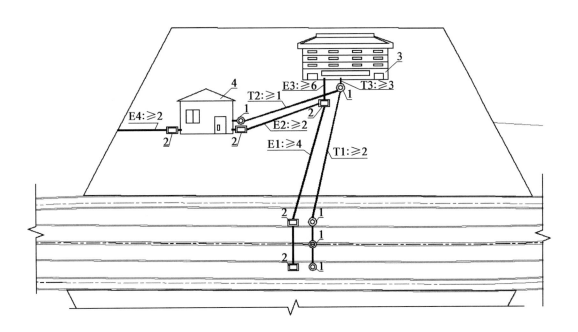

图 B.0.1 公路服务区、停车区场区内机电工程通信及电力管道容量图（单位：标准管孔）

1-通信人孔；2-电力人孔；3-综合楼；4-变电所；T1-路肩通信人孔至综合楼局前通信人孔容量；T2-变电所通信人孔至综合楼局前通信人孔容量；T3-局前通信人孔至建筑物间管道容量；E1-路肩电力人孔至综合楼局前电力人孔管道容量；E2-变电所电力人孔至综合楼局前电力人孔管道容量；E3-局前电力人孔至建筑物间管道容量；E4-变电所电力人孔至外电引入点管道容量

B.0.2 公路收费站场区内机电工程通信及电力管道容量可按图 B.0.2 进行布置。

B.0.3 图 B.0.1、图 B.0.2 中，如标准管孔口径不满足本规范第 5.1.4 条要求时，应加大管道口径。

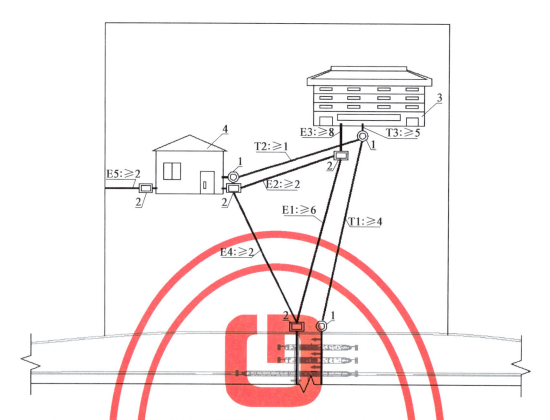

图 B.0.2 公路收费站场区内公路机电工程通信及电力管道容量图（单位：标准管孔）

1-通信人孔；2-电力人孔；3-综合楼；4-变电所；T1-收费广场路肩通信人孔至综合楼局前通信人孔容量；T2-变电所通信人孔至综合楼局前通信人孔容量；T3-局前通信人孔至建筑物间管道容量；E1-收费广场路肩电力人孔至综合楼局前电力人孔管道容量；E2-变电所电力人孔至综合楼局前电力人孔管道容量；E3-局前电力人孔至建筑物间管道容量；E4-变电所电力人孔至收费广场路肩电力人孔管道容量；E5-变电所电力人孔至外电引入点管道容量

本规范用词用语说明

1 本规范执行严格程度的用词,采用下列写法:
1)表示很严格,非这样做不可的用词,正面词采用"必须",反面词采用"严禁";
2)表示严格,在正常情况下均应这样做的用词,正面词采用"应",反面词采用"不应"或"不得";
3)表示允许稍有选择,在条件许可时首先应这样做的用词,正面词采用"宜",反面词采用"不宜";
4)表示有选择,在一定条件下可以这样做的用词,采用"可"。

2 引用标准的用语采用下列写法:
1)在标准总则中表述与相关标准的关系时,采用"除应符合本规范的规定外,尚应符合国家和行业现行有关标准的规定"。
2)在标准条文及其他规定中,当引用的标准为国家标准和行业标准时,表述为"应符合《××××××》(×××)的有关规定"。
3)当引用本标准中的其他规定时,表述为"应符合本规范第×章的有关规定"、"应符合本规范第×.×节的有关规定"、"应符合本规范第×.×.×条的有关规定"或"应按本规范第×.×.×条的有关规定执行"。